ISAAC BLOCH

GRAND RABBIN DE LA PROVINCE D'ALGER

LES

ISRAÉLITES D'ORAN

DE 1792 A 1815

D'APRÈS DES DOCUMENTS INÉDITS

Prix : 1 franc.

PARIS | ALGER
A. DURLACHER, ÉDITEUR | A. JOURDAN, ÉDITEUR
RUE DE LAFAYETTE, 83 *bis* | PLACE DU GOUVERNEMENT, 4

1886

LES

ISRAÉLITES D'ORAN

DE 1792 A 1815

VERSAILLES

CERF ET FILS, IMPRIMEURS

59, RUE DUPLESSIS, 59

ISAAC BLOCH

GRAND RABBIN DE LA PROVINCE D'ALGER

LES

ISRAÉLITES D'ORAN

DE 1792 A 1815

D'APRÈS DES DOCUMENTS INÉDITS

EXTRAIT DE LA *REVUE DES ÉTUDES JUIVES*. — TOME XIII

PARIS

A. DURLACHER, ÉDITEUR

RUE DE LAFAYETTE, 83 *bis*

ALGER

A. JOURDAN, ÉDITEUR

PLACE DU GOUVERNEMENT, 4

1886

LES ISRAÉLITES D'ORAN

DE 1792 A 1815

Aux archives du consulat général d'Espagne, à Alger, sont déposés quelques registres provenant du vice-consulat de cette puissance à Oran, et contenant des renseignements intéressants sur les Israélites de la même ville. Ils peuvent se répartir en deux séries. La première, composée de plusieurs cahiers non reliés, renferme des contrats d'affrètements, des procès-verbaux de vente, des protestations et autres actes consulaires. La seconde série, en deux volumes cartonnés, est la copie de la correspondance du vice-consul.

J'ai extrait de ces registres tout ce qui concerne les Israélites, et ces données m'ont servi à rédiger le présent travail.

Les documents qui ont été à ma disposition vont de 1800 à 1815. Au moyen d'autres recherches, j'ai pu remonter jusqu'à la fondation de la communauté d'Oran, en 1792.

Cet essai d'histoire locale m'a été rendu possible, grâce à l'obligeance de M. le marquis de Gonzalez, l'excellent consul général d'Espagne à Alger, qui m'a permis, avec une parfaite courtoisie, de puiser dans les archives confiées à sa garde. Je suis heureux de pouvoir lui en exprimer ici toute ma reconnaissance.

1. *Fondation de la communauté.*

La communauté moderne d'Oran date, comme je viens de le dire, de 1792. Lorsque le bey Mohamed el Kebir eut pris possession de cette ville, totalement évacuée par les Espagnols, il songea à la repeupler, et, entre autres mesures qu'il édicta à cet effet, il y appela des Israélites de Mostaganem, de Mascara, de Nedroma et de Tlemcen. Il leur vendit à très bon marché un vaste emplacement, où ils édifièrent leurs demeures, et leur concéda, à titre gratuit, un terrain pour un cimetière. Vente et donation restèrent probablement verbales jusqu'en 1801, année où elles furent confirmées et mises par écrit. Le document qui en fait foi est le véritable acte de constitution de la communauté. En voici la traduction officielle, telle qu'elle existe dans les archives du consistoire israélite d'Oran. L'original est en arabe.

Louange à Dieu seul.

El Sid Mohamed ben Osman, bey des provinces du Couchant et de Tlemcen, après avoir conquis la ville d'Oran, a vendu un emplacement de terrain, avec les baraques en bois qui l'occupent, au couchant du quartier dit Reha el Reh [1], longeant la grande rue jusqu'à son extrémité, jusqu'à la maison de Boungab. En descendant du côté du ravin et au nord de ce même ravin, ce terrain arrive jusqu'aux jardins qui portent le nom de *Jardins des Juifs*, et remonte jusqu'aux baraques connues sous la même désignation, et de là la limite suit jusqu'au point dit Reha el Reh.

Cette vente a été faite aux trois Juifs Ould Jacob, Yaon (Yona) ben Daoud et Amram, lesquels ont acheté, tant pour eux que pour leurs coreligionnaires, le terrain avec les baraques en bois qui l'occupent, moyennant le prix de huit cent vingt sultanis d'Alger (huit mille deux cents francs), que le vendeur a reçus en entier des acquéreurs, auxquels il fournit pleine et entière quittance.

En conséquence, les acquéreurs sont devenus légitimes propriétaires dudit terrain, duquel ils disposeront comme de leur propre chose.

Le même bey a fait donation à la communauté des Juifs d'un terrain situé dans la banlieue d'Oran pour ensevelir leurs morts. Ce terrain se trouve du côté de Sidi Châban.

Donation perpétuelle, éternelle.

Ont été témoins de ce qui précède : le vénérable El Sid El Hadj El Méqui ben Aïssa, qui a apposé son cachet ci-dessus, Si Mohamed ben Hassan et El Hadj Ahmed ben Hatrah, témoins dignes de foi.

Fait à la date du milieu de Chaoual, l'an douze cent quinze (mil huit cent un).

(Signé :) ABDELKADER BEN EL BACHIR.

Au premier noyau de la communauté s'adjoignirent bientôt des éléments venus du Maroc, de Gibraltar et d'Alger. Parmi ces derniers, je citerai les Coen Salmon, les Lévy Bram, les Abulker, les Témim. Tout ce monde, actif, intelligent, aventureux, se livra au commerce, et surtout au commerce d'exportation. Les

---

[1] Le Moulin à vent.

relations qui existaient naturellement entre eux et leurs coreligionnaires du littoral méditerranéen les y conviaient. Parmi les opérations relatées dans les livres du vice-consulat, les deux tiers au moins appartiennent aux Israélites; le reste se partage entre quelques Maures et le vice-consul lui-même, qui fut chargé, à un certain moment, d'expédier du blé et des chevaux à la junte insurrectionnelle de Cadix. Les articles qui formaient le principal objet des transactions étaient le bétail et les céréales. Les ports de destination étaient, entre autres, Malaga, Carthagène, Alméria, Algésiras et surtout Gibraltar.

Abordons maintenant en détail l'histoire de ce commerce et de ces commerçants.

2. *Activité commerciale.*

Le premier en date fut Yamin Tolédano. Au mois d'avril 1801, Joseph Taurel, de Gibraltar, lui envoya, en consignation, huit caisses de marchandises, à bord de la tartane marocaine *Messauda*. Ces caisses furent débarquées par erreur à Malaga. En conséquence, le 4 mai, Toledano, au nom de Taurel, fit mettre l'embargo sur la tartane.

Toledano était le correspondant de Joseph et Isaac Israël, de Gibraltar. Il reçut en consignation la somme de 3,300 piastres fortes, afin qu'il leur envoyât une cargaison de blé pour la même valeur. Le brick *la Susana*, dont ils étaient propriétaires, attendait dans le port, mais Tolédano ne put faire le chargement. Le 12 juin 1801, le capitaine Juan Guerra déposa sa protestation en le rendant responsable de tous les dommages que son refus de charger pouvait entraîner pour ses armateurs.

A cette époque, les relations avec Gibraltar étaient fréquentes. Joseph Taurel et Jacob Serrueha envoyèrent souvent des cargaisons à Oran. Outre Toledano, ils y avaient pour consignataires Abraham Masias et Abendran (Duran).

L'importante maison Bacri et Busnach, d'Alger, avait obtenu du Dey le monopole du commerce des céréales dans toute l'étendue de la Régence. Dès 1801, elle exerça son privilège dans le port d'Oran. De là naquit l'incident suivant. Le capitaine Papi, de Raguse, devait recevoir un chargement de blé de Sidi Ahmed Vichau, qui ne fut pas en mesure de le livrer. En conséquence, le 28 novembre 1801, le capitaine déposa une protestation. Le lendemain, Abraham de Moïse Abudarham, fondé de pouvoirs de Sidi Ahmed, déclara, pour excuser son maître, que le bey d'Oran avait fait défense à tous capitaines d'embarquer du blé autrement que pour le compte de Busnach.

Parmi les négociants de cette époque, nous trouvons encore Pinhas Bendahan, Moïse Benamara, Jacob Benzaquen, Joseph Maman, Abraham Saba.

Un événement tragique et très rare parmi les Isralites d'autrefois vint jeter l'émoi dans la communauté.

Le 31 juillet 1802, la pinque espagnole *La Fortuna*, capitaine Luis Alesandro, sortit de Gibraltar à destination de Malte, ayant à son bord, comme passager, un Israélite nommé David Benhaïm (Ven Jaïn). Fatiguée par les vents contraires, elle fut obligée, le 6 août, de se réfugier au port d'Adra. Là, on commença à remarquer quelque chose d'anormal dans l'attitude de Benhaïm, qui paraissait préoccupé de ses affaires restées en souffrance à Gibraltar, et qui se répandait en plaintes amères contre un de ses coreligionnaires nommé Cabeza. Son état mental inspirant des inquiétudes, il fut mis en surveillance dans une cabine. Quoique le temps continuât à être mauvais, le capitaine remit à la voile le même jour ; mais la navigation fut si pénible qu'il dut encore une fois faire relâche aux îles Chaffarines. Il en repartit le 10, par un ciel clair et une mer calme. Le 15, à midi et demi, au moment où l'équipage, réuni sur le pont, achevait son repas, on vit Benhaïm sortir de sa cabine et se diriger vers l'arrière du bâtiment. Tout à coup il ôta ses souliers, monta sur le bastingage, et, se tournant vers les matelots, leur cria : « Adieu, vous autres ! » En même temps il se précipita dans les flots. Le capitaine fit aussitôt virer de bord et lancer une chaloupe ; mais il fut impossible de retrouver le malheureux, car le vent était tellement vif que le navire filait six milles à l'heure. Le lendemain, le capitaine entra dans le port d'Oran, et, accompagné de son équipage et d'un autre passager nommé Kaddour Adda, il alla faire sa déclaration au vice-consulat d'Espagne.

Un commerçant, qui était censal de ce vice-consulat, figure pour la première fois sous le nom de Sulaqui sur les registres en l'année 1803. Partout ailleurs il est appelé Benseria, mais il signe invariablement en hébreu יהודה טוראקי, Jehuda Chouraqui. Il avait un frère nommé Moïse ou Joya, qui l'aidait dans ses affaires, ainsi que son cousin David. Le rabbin d'Oran, Isaac Chouraqui, auquel R. Salomon Seror, d'Alger, adressa une consultation (Peri Çaddik, rép. n° 2), était peut-être leur parent.

Les Benséria eurent des débuts pénibles. Moïse alla s'établir à Gibraltar, d'où il ne revint qu'en 1811. Juda, après quelques opérations heureuses, fut ruiné par l'indélicatesse d'un mandataire.

En 1809, il confia au capitaine Vicente Tur 50 bœufs et 60 moutons à la consignation de Pedro Agustino, de Mahon. Par crainte des corsaires français, Tur vendit sa cargaison à Pègnon de la Gomera (Maroc), et il négligea d'en remettre le produit à son affréteur. Le vice-consul d'Espagne prit fait et cause pour ce dernier, et, le 31 juillet 1814, il écrivit à ce sujet à don Francisco Moreno, gouverneur de Mahon. On ne dit pas si Tur finit par payer.

Quoi qu'il en soit, Juda Benseria fut momentanément éclipsé par d'autres commerçants, dont les principaux furent Joseph Cabeza, Salomon Abulker et Salomon Lévy Bram.

Ce dernier était originaire d'Alger. Le 13 octobre 1805, Joseph Bacri, censal du consulat général d'Espagne, ayant été incarcéré par ordre de la Régence, Salomon Lévy Bram demanda à le remplacer dans ce poste ; mais sa démarche échoua, malgré la protection du Dey et celle de David Duran, chef de la nation israélite. En 1810, nous le trouvons à Oran. Juda Benséria était à son service comme simple employé. C'est ce qui ressort du fait suivant.

Le capitaine anglais Lorenzo Brignon, de la barque *Fortuna*, avait été nolisé à Gibraltar par Mardochée Amar pour charger des bestiaux à Oran. Par suite d'un retard du consignataire Salomon Lévy Bram, le capitaine ne put embarquer sa cargaison, car dans l'intervalle un corsaire algérien était arrivé, avec ordre du dey d'empêcher tous les navires à l'ancre de quitter le port. Le 19 avril, le capitaine dut, en conséquence, faire ses réserves au nom de son affréteur. Lévy Bram répondit qu'à la première réquisition de Brignon, il avait envoyé son troupeau à l'embarcadère, sous la conduite de son employé (criado) Juda Benséria, mais que le port était déjà fermé avant que ce dernier y arrivât. Le 16 juin, le capitaine Brignon, accompagné de son équipage et de son écrivain israélite, Abraham Ximénès, cita devant le vice-consul d'Espagne Lévy Bram et son employé, à l'effet d'affirmer sous serment que le retard causé au départ de *La Fortuna* n'était pas de leur faute. Tous les deux refusèrent le serment par scrupule religieux.

Salomon Abulker, qui est appelé Belger dans nos documents, était également originaire d'Alger, où il se trouvait le 6 septembre 1790. A cette date il faisait un envoi de numéraire à Livourne [1]. Associé et correspondant de la puissante maison des Bacri, il était fixé à Oran dès 1807, accompagné d'un autre Algérien, Chaloum Portuguez, rabbin et commerçant. En 1809, il entreprit quelques opérations de compte à demi avec Lévy Bram.

[1] M. J. M. Haddey (A. Devoulx), *Livre d'or*, p. 81.

Par la suite, surtout en 1812 et 1813, Juda Benséria reprit une grande importance. En une seule année, il n'expédia pas moins de douze cargaisons de céréales, laine et bétail.

A la même époque florissait la famille Cabeza. Les Cabeza, d'origine marocaine, étaient au nombre de quatre : le père Israël, les fils Joseph, David et Salomon. Joseph était établi à Alméria, d'où il tira sur son père à Oran une lettre de change de 8,321 réaux, lettre de change que le tiers porteur, Juan Domovitch, présenta le 13 juillet 1809 et qui fut protestée par le motif que le tiré n'avait pas de fonds appartenant au tireur.

Le séjour de Joseph Cabeza à Almeria fut brusquement interrompu au mois d'août 1809 par suite d'un incident curieux que nous relatons plus loin. Revenu à Oran, il se livra à de grandes entreprises commerciales et fut pendant quelque temps le plus fort négociant de la place. Il exportait du bétail et de la laine en Espagne et aux îles Baléares. Il eut parfois pour associé un de ses parents, Joseph Melul, contador du bey.

Les autres négociants que je n'ai pas occasion de citer ailleurs et dont les noms figurent, pour une raison ou pour une autre, sur les registres consulaires sont : David Lévy Balensi, Samuel Hassan, Joseph Abuab, Maklouf Bériichou, Baruch Alaskar, Abraham Kalfon, Estuqui, qui signe יוסף ארובז.

J'ai relevé également les noms de plusieurs négociants israélites de Gibraltar. Ce sont Juda Benoliel Arengo et Cie, Isaac Angel, Abraham Gabisson, Moïse Tubiana.

3. *Rôle politique.*

De bonne heure les Israélites exercèrent une certaine influence dans les conseils du bey. Grâce à leurs relations au dehors, ils devinrent ses agents commerciaux et quelquefois diplomatiques. Ils ne restèrent pas étrangers aux affaires intérieures, et ils furent mêlés aux intrigues et aux catastrophes de cette époque.

Même avant la conquête d'Oran, l'un d'eux, Mardochée Darmon, fut l'homme de confiance des beys du Couchant. Quoique ce personnage ne soit pas mentionné dans les registres du consulat, il n'est pas possible de l'omettre lorsqu'on parle de la communauté d'Oran, dont il fut, suivant la tradition, l'un des fondateurs et l'un des membres les plus notables. Aussi versé dans la science juive que dans celle du négoce, il composa un ouvrage intitulé מאמר מרדכי (Propos de Mardochée) et imprimé à Livourne en 1787. C'est un recueil d'explications homilétiques sur des passages choisis de la Bible et du Talmud. Dès 1772 on trouve Darmon au service du bey Ibrahim. Il le suivit dans ses expéditions. Des fragments de son livre sont datés du camp du bey aux bords de l'Habra, de la Mina, de la Tafna. En 1783, il entreprit un voyage à Constantinople et à Smyrne. Il acquit une grande fortune, et édifia, dit-on, la synagogue qui est devenue depuis la synagogue consistoriale d'Oran.

Son gendre Juda Darmon, fils de son frère Messaoud, était rabbin et écrivit une préface pour son livre. Un David Darmon, probablement aussi son parent, était en 1810 employé de M. Négroto, agent consulaire de France.

La jeune communauté ne fut pas longtemps exempte d'épreuves. En 1805, un marabout rebelle, s'étant emparé de Mascara, en enchaîna toute la population juive et la frappa de lourdes contributions. A cette nouvelle et à celle de son approche, les israélites d'Oran songèrent à se mettre à l'abri de ses coups, et un grand nombre de familles s'embarquèrent pour Alger, où elles arrivèrent le 17 juin.

Le chargé d'affaires du dey à Gibraltar était juif. Il s'appelait Aron Cardoso, et il était en même temps chef de la nation israélite. En 1805, il fut choisi par les Anglais pour remplir une mission importante auprès du bey d'Oran. Le 16 octobre entra dans ce port une corvette anglaise commandée par le capitaine Roman et ayant à bord cent quintaux de poudre. Aron Cardoso accompagnait ce convoi en qualité d'envoyé extraordinaire du gouvernement britannique. Il avait pour instructions de demander au bey, en échange de la poudre, une cargaison de bestiaux pour le ravitaillement de Gibraltar. Le bey était alors absent : il dirigeait une expédition contre les tribus rebelles. Cardoso, suivi de Roman, ainsi que de cinq autres officiers du bord et protégé par une escorte d'arabes, le joignit dans son camp. Sa négociation eut un plein succès, car le 5 décembre il se rembarqua avec un convoi composé de 200 bœufs et de 100 moutons.

Un jour, le 23 mai 1812, le bey confia à deux marchands israélites, Ayousch Benhaïm et Chaloum Karoubi (Jarrobi), une somme de 4,000 douros pour la faire valoir à son compte. Les marchands l'envoyèrent à Tanger à bord de la felouque algérienne *Messauda*, capitaine Mohamed. Quelques mois après on apprit que le bâtiment avait été visité en mer par le corsaire français Blas, et le group enlevé. La Régence était alors en paix avec la France : aussi, le 4 août, les expéditeurs déposèrent-ils une protestation au vice-consulat d'Espagne contre le corsaire et ses armateurs.

Les guerres de Napoléon Ier eurent leur contre-coup dans ce petit coin de l'Afrique et au sein de la communauté juive. Celle-ci se divisa en deux partis : celui des Français et celui des alliés.

Pour les derniers s'employaient notamment Abraham Masias, un ami personnel de l'ancien vice-consul d'Espagne Joseph Iliguéro, et Salomon Pacifico, un agent du bey Sidi Mohamed, pour le compte duquel il effectua divers payements à la date du 21 juillet 1809.

Mais les partisans de la France étaient de beaucoup les plus nombreux et les plus influents. Ils se groupaient autour d'une femme habile qui joua un rôle important.

La juive Hanina (Janina) [1] était la favorite et, dit-on, la maitresse du bey Mohamed bou Kabous. Elle aimait les Français et ne négligeait aucune occasion de les servir.

Au mois de juillet 1810, alors que la France était en guerre avec l'Espagne et l'Angleterre coalisées, cinq de nos corsaires, sortis d'Alger et renforcés par cinq autres rencontrés en route, entrèrent dans le port d'Oran. Un brick anglais, capturé par les Français, puis repris par les alliés, y était à l'ancre. Ils résolurent de s'en emparer, et se mirent en devoir d'obtenir du bey l'autorisation de le déclarer de bonne prise, attendu qu'il leur avait été enlevé, contrairement au droit des gens, dans les eaux d'Oran et sous le canon des forts. Hanina fut chargée de cette délicate mission, et aidée par l'agent consulaire de France, Augustin Négroto, ainsi que par Sidi el Hadj Mohamed, fils du bey Bram (Ibrahim), elle fut assez adroite pour la mener à bonne fin. Le 28 juillet, le brick fut repris sans combat par nos corsaires avec le concours même des gens du bey.

Hanina, dont la faveur ne cessa qu'avec sa vie, eut une mort tragique. Son protecteur, le bey Mohamed bou Kabous, s'étant révolté contre le gouvernement d'Alger, fut vaincu, pris et déposé. Tous ses partisans furent enveloppés dans sa catastrophe. Omar-Agha, exécuteur des ordres du dey, arriva à Oran, et les supplices commencèrent. Sa première victime fut Hanina. Cette infortunée périt dans les flammes avec son fils aîné Joseph (fin mai 1813).

Après ce châtiment, l'agha se mit à la poursuite des derniers débris des bandes rebelles. Il les atteignit sur la frontière du Maroc, mais il fut défait par elles dans deux rencontres successives et revint furieux à Oran. Alors sa vengeance se tourna contre le deuxième fils de Hanina, Sadia, que l'on disait être le fruit des

---

[1] Diminutif de Hanna.

amours de cette femme avec le bey déposé. Sadia fut tiré de la prison où il avait été jeté, et, comme sa mère et son frère, condamné à être brûlé vif. Son bourreau, dans l'espoir d'obtenir des révélations, traîna devant le bûcher plusieurs autres israélites et fit semblant de vouloir les précipiter dans les flammes où leur pauvre coreligionnaire agonisait. Ils confessèrent tout ce qu'ils savaient. Peu de jours après, le bey Mohamed fut tué après un affreux supplice, et ses trois fils en bas-âge étranglés. Tous les fils de l'ancien bey Osman, fils du conquérant d'Oran, Mohamed el Kébir, ainsi qu'un de ses frères, périrent également, et beaucoup de familles furent exilées à Médéa. Dans la communauté israélite, en dehors de Hanina et des siens, personne ne souffrit de violence, grâce peut-être à la protection d'un Européen nommé Sgitcowitch.

Cependant deux membres de la famille Cabeza furent sérieusement inquiétés.

Le 5 mai 1813 David Cabeza avait accepté du bey la mission d'acheter à Carthagène 200 quintaux de poudre. Il partit avec l'assentiment des autorités espagnoles. Peu de jours après, la révolte du bey éclata. Après sa victoire, le dey d'Alger envoya à la recherche de David, qui fut arrêté et ramené à Oran ; mais il parvint à prouver son innocence en établissant que la poudre avait été achetée avant la révolte, et, par conséquent, sans aucune pensée d'hostilité de sa part contre le gouvernement turc.

Moins heureux, son frère Joseph, également suspect, fut obligé de se dérober à la mort par la fuite. Grâce à de puissantes protections obtenues à prix d'argent, il réussit à s'échapper avant l'arrivée d'Omar-Agha. Il emporta avec lui une partie des bijoux appartenant aux fils de Hanina. Il se réfugia à Alicante, où son autre frère Salomon était établi.

La vengeance des vainqueurs n'était pas encore assouvie : elle s'acharna contre les descendants de Hanina. Peu de jours avant que la révolte de Bou Kabous eût éclaté, le fils aîné de Hanina, Joseph, avait été chargé par lui de mettre en vente plusieurs cargaisons de blé amenées par son ordre d'Arzew à Oran. Joseph acquit pour son propre compte celle qui était à bord d'un brick marocain commandé par le raïs Hacem. Il la dirigea sur Gibraltar sous la conduite de son fils et de son plus jeune frère. Au lieu de se rendre en droite ligne dans ce port, les deux jeunes gens relâchèrent d'abord à Malaga, où ils vendirent leur blé en détail à raison de 85 réaux la fanègue. Le produit de la vente encaissée, ils mirent à la voile pour Gibraltar ; mais le vent contraire les força de rentrer au port. Alors ils s'embarquèrent sur un autre bateau commandé par le raïs marocain Muley Abdesselem, sur lequel ils arrivèrent enfin sains et saufs à Gibraltar.

A peine investi du pouvoir, le nouveau bey Ali Kara-Bargli réclama le brick et sa cargaison comme propriété de l'Etat et les deux jeunes israélites comme voleurs des deniers publics. Cette prétention était sans aucun fondement, car le bâtiment appartenait à un Marocain de Gibraltar nommé Vichau, l'équipage était intégralement composé de Marocains, enfin le raïs Hacem était de nationalité marocaine. De plus, les autorités beylikales avaient présidé elles-mêmes à la vente du blé dont cette cargaison avait fait partie, et elles en avaient perçu le prix, ainsi que le constataient les quittances conservées par les acheteurs israélites. Enfin, suivant le témoignage d'un matelot de l'équipage de Hacem, les deux jeunes parents de Hanina n'avaient embarqué avec eux ni paquets ni coffres pouvant contenir des valeurs dérobées : on ne leur avait vu que les bagages contenant leurs hardes.

Malgré l'injustice de sa réclamation, le bey n'y persista pas moins. Il manda les consuls d'Espagne et d'Angleterre et les chargea d'écrire respectivement aux gouverneurs de Malaga et de Gibraltar, afin que, si les fugitifs étaient signalés dans l'une ou l'autre de ces places, ils fussent immédiatement appréhendés au corps et renvoyés à Oran sur un bateau affrété pour la circonstance (26 juin 1813). Heureusement un mois s'était déjà écoulé depuis leur départ. Les recherches minutieuses, ordonnées par le gouverneur de Malaga, furent infructueuses. A Gibraltar, où ils étaient arrivés depuis longtemps, ils ne furent pas inquiétés. Quoi qu'il en soit, le bey, animé par la haine et par la cupidité, ne se tint pas pour battu. Il en référa au dey d'Alger, qui fit de cette question d'extradition l'objet d'une négociation diplomatique avec le cabinet de Madrid. Au mois de décembre 1814, le ministre des affaires étrangères d'Espagne, M. le duc de San Carlos, fut obligé de demander des explications à son consul général à Alger. Pour en finir, le 9 décembre 1814, le bey, après s'être entendu avec les consuls d'Espagne et d'Angleterre et avec divers notables de la communauté, écrivit à Aron Cardoso, son représentant à Gibraltar, pour le prier d'aider les autorités anglaises à rechercher les fugitifs.

Cette mesure ne produisit pas le résultat désiré. L'incident s'envenima. Le dey d'Alger, qui cherchait un prétexte pour rompre avec l'Espagne, précisa sa réclamation : il prétendit que les deux israélites avaient enlevé du palais du bey quatre coffres remplis de numéraire et de bijoux. En conséquence, il en exigea la restitution, ou le payement de trois cent mille douros en guise de dédommagement. En vain le cabinet de Madrid fit-il observer avec raison qu'il était injuste de le mettre en cause, attendu que les accusés étaient sujets anglais et qu'ils s'étaient réfugiés à Gibraltar, territoire anglais. En vain produisit-il une déclaration authentique des fugitifs affirmant sous serment que les coffres, objet du litige, avaient été saisis avant leur départ par Omar-Agha et déposés dans la maison du vice-consul d'Angleterre. Le dey ne voulut rien entendre. Il lança un ultimatum, et, sans attendre la réponse, il procéda par voie de rigueur en faisant arrêter le vice-consul d'Espagne à Oran, qui fut conduit à Alger les fers aux pieds, enfermé au bagne des esclaves et contraint à travailler dans les carrières. Joseph Cabeza, revenu de son exil volontaire en 1814 et impliqué dans l'accusation, subit le même sort (février 1815).

Après une longue et pénible négociation, après plusieurs attermoiements successifs, l'Espagne, pour éviter une guerre, dut satisfaire la rapacité algérienne : le 1er septembre 1815, le ministre des affaires étrangères, don Pedro Cevallos, qui avait remplacé le duc de San Carlos, annonça à son consul à Alger, don Pedro Ortiz de Zugasti, que le dey serait payé dans un délai d'un mois. Ainsi fut clos un incident qui faillit détruire la bonne harmonie régnant depuis si longtemps entre l'Espagne et la Régence d'Alger.

Les éléments de l'histoire de Hanina ont été puisés dans la correspondance du vice-consul d'Espagne : son nom de famille, ni celui de ses fils n'y est indiqué. Mais il m'a été possible de déterminer ce dernier du moins, au moyen des registres des actes consulaires. J'ai été amené à penser que ces hommes s'appelaient Melul, et voici les raisons qui me le font supposer.

1° L'on a vu que les deux fils aînés de Hanina s'appelaient Joseph et Sadia. Or, parmi les affréteurs que j'ai relevés sur le registre, se trouvent justement un Joseph Melul et un Sadia Melul.

2° Joseph Melul était contador du bey, fonctions qui consistaient à peser et à estimer les monnaies du trésor, et qui lui valurent, dans plusieurs de nos documents, la qualification honorifique de Sidi. N'est-il pas vraisemblable que ce contador Joseph était le fils de Hanina, qui avait pu lui procurer cette place, grâce à la faveur dont elle jouissait auprès du bey ?

3° J'ai raconté qu'un des frères Cabeza faillit être enveloppé dans la catastrophe qui engloutit Hanina et ses fils. Il n'eut que le temps de s'enfuir à Alicante. Cette circonstance démontre qu'il existait entre ces diverses personnes des relations d'affaires et d'amitié, peut-être même de parenté. Or, des liens de ce genre unissaient Joseph Cabeza et Joseph Melul : dans deux contrats d'affrètements ils figurent comme associés.

4° Les Melul cessent d'être mentionnés sur les registres du consulat à partir de mai 1813. Cette date coïncide trop bien avec celle de la mort des fils de Hanina pour qu'on hésite à identifier ceux-ci avec les Melul.

5° Enfin l'un des deux fugitifs d'Oran portait le nom de Melul, ainsi qu'il appert de l'acte notarié reproduit aux pièces justificatives, II, 6. Il était probablement fils de Joseph et petit-fils de Hanina. Celui qui s'appelait Koubi devait être un frère utérin de Joseph.

4. *Rapports avec le vice-consul d'Espagne.*

Comme nous l'avons vu, le commerce oranais avait presque tous ses débouchés en Espagne. Le représentant de cette puissance était appelé journellement à intervenir pour les contrats d'affrètement, les passeports, le règlement des contestations.

Mais là ne se bornèrent pas les rapports des Israélites avec le vice-consul d'Espagne. Ce beau et noble pays, que le fanatisme a ruiné, mais qui est en voie de se relever glorieusement sous le souffle des idées libérales, mettait déjà en pratique, à l'époque dont nous nous occupons, les principes de la tolérance moderne. Les mœurs étaient plus douces que les lois. Malgré les édits de proscription, divers israélites étaient domiciliés dans les villes du littoral, et les autorités fermaient les yeux.

A l'étranger, surtout dans les États musulmans, le gouvernement espagnol prenait volontiers les agents de ses consulats parmi les israélites. Le vice-consul d'Oran se servait d'eux sans aucun scrupule de religion, et il était servi par eux avec franchise et dévouement. La lettre suivante[1], adressée par Joseph Higuéro à David Duran, consul général de Raguse et chef de la nation juive à Alger, montre combien ces relations étaient devenues cordiales :

Oran, le 1er mai 1806.

Le 25 avril dernier j'ai reçu la lettre de Votre Seigneurie, ainsi que la patente et la nomination de vice-consul de Raguse, charge que je

---

[1] Traduite d'après la minute espagnole, conservée aux archives du consulat général d'Espagne à Alger.

crois avoir remplie jusqu'à présent à la satisfaction de tous les capitaines de la République et des titulaires successifs du Consulat
général, MM. Abraham Bouchara et Naftali Busnach. Ces derniers
m'avaient également confié ces fonctions, et, à vrai dire, je fus
péniblement affecté, lorsque le chargé d'affaires anglais, M. Foley,
répandit le bruit qu'il avait été nommé vice-consul de Raguse, sans
que l'on eût daigné me faire connaître les motifs de ma disgrâce, car
aujourd'hui bonne renommée vaut mieux que tout. Je remercie
Votre Seigneurie de sa bienveillance et j'espère qu'elle sera satisfaite
de moi en tout ce qui concerne mes fonctions.

Dans l'attente de vos ordres, j'ai l'honneur d'être, de Votre Seigneurie, le fidèle et obéissant serviteur.

(Signé :) Joseph Higuéro.

Le successeur de Joseph, son frère Antonio, ne fut pas en moins
bons termes avec les israélites.

Isaac Coen Salmon, négociant originaire d'Alger, eut occasion
de lui rendre service en lui prêtant une somme de 9,245 réaux
en monnaie algérienne, sans vouloir accepter ni intérêts ni agio,
procédé généreux dont il se loua fort dans une lettre au consul
général, en date du 7 septembre 1807.

Les israélites devinrent surtout utiles au vice-consul, lorsque,
pendant les années 1808 et 1809, il fit des achats de chevaux à
Oran pour le compte du gouvernement insurrectionnel de son
pays. Par suite de l'insécurité des mers, il se trouva plusieurs fois
à court d'argent. Son banquier fut alors Aron Amar, appelé aussi
du prénom de Djilbon. Les sommes avancées, qui étaient souvent
assez fortes, une fois 1,025 douros, une autre fois 6,000 piastres,
étaient remboursées par le consul général d'Alger, don Pedro
Ortiz de Zugasti, au rabbin Isaac Abulker, correspondant d'Amar
et probablement son associé. Ce rabbin, enveloppé dans la querelle
des Bacri et des Duran, eut la tête tranchée, en 1815, par ordre
du dey.

Le 13 décembre 1809, Samuel Sananès prêta au vice-consul
217 douros.

Le 1er décembre 1810, Moïse Témim lui prêta 1,000 douros, et
le 12 du même mois, 200 sequins.

En toute occasion, le représentant de l'Espagne pouvait compter
sur le concours des israélites. Un jour, en 1809, il avait à envoyer
à son gouvernement des dépêches d'une grande importance, et
ce, à l'insu des autorités de la Régence. Un bâtiment, la Santa
Isabel, capitaine Juan Andrès, affrété par Moïse Benséria, de
Gibraltar, se trouvait à l'ancre dans le port. Du consentement du
subrécargue Abraham Coen, il l'envoya en Espagne avec les dé-

pêches, tout en faisant accrcire au bey que c'était pour y cher-
cher une nourrice dont sa femme, sur le point d'accoucher, avait
besoin.

Cependant les Juifs du parti français lui étaient naturellement
hostiles. Il eut fort à faire pour lutter contre l'influence prépon-
dérante de Hanina, secondée par ses fils et les frères Cabeza.
Dans une lettre du 28 juillet 1810, adressée au consul général
d'Alger, il dévoila les intrigues de cette femme, et alla jusqu'à
lui attribuer l'intention de chasser d'Oran les représentants
des puissances européennes, témoins gênants de ses prétendues
exactions.

Quant aux Cabeza, il trouva l'occasion de leur rendre coup
pour coup.

Le 5 juin 1809, un malfaiteur, échappé du préside de Mélilla,
Juan Andrès Rando, originaire de Bujalanze (royaume de Cordoue)
et âgé de trente-trois ans, vint se réfugier à Oran; et il paraît qu'il
fut amené par quelques juifs de cette ville, notamment par Israël
Cabeza, à se faire circoncire. Crime capital et digne du dernier
supplice! Aussi fut-il obligé de se cacher, afin d'échapper aux
recherches du vice-consul Antonio Higuéro. Celui-ci, ayant appris
que Joseph Cabeza habitait Alméria, ce que, d'ailleurs, il ne pouvait s'expliquer, vu les lois du pays, il écrivit, le 14 août, à l'é-
vêque de cette ville, le priant de s'emparer de la personne de cet
israélite et de le maintenir en état d'arrestation, comme otage,
aussi longtemps que la retraite de Rando n'aurait pas été révélée
par ses coreligionnaires d'Oran. Ainsi menacé, Cabeza jugea pru-
dent de s'éloigner.

Un autre adversaire du vice-consul fut Salomon Abulker. Dirigé
par ses patrons, les Bacri, qui avaient embrassé avec ardeur la
cause des Français, il lui créa beaucoup de difficultés, surtout
après l'arrivée de l'agent français Négroto.

Enfin, à la suite d'un sinistre commercial, le vice-consul se
brouilla aussi avec son ami de vieille date, Coen Salmon. Le
26 janvier 1811, celui-ci nolisa la pinque marocaine *Seba*, capitaine Kaddour. Il y embarqua 4,800 fanègues d'orge pour Gibraltar,
à la consignation de Moïse Tubiana. Ce bâtiment, qui appartenait,
en réalité, non à un sujet marocain, mais au vice-consul d'Espagne, associé avec le bey et un fils de celui-ci, fut abandonné par
son équipage au cap Palos, à la suite d'une violente tempête. De
là un procès avec Coen Salmon et les fils de la juive Hanina, que
celui-ci avait intéressés dans son entreprise. Le vice-consul, qui
avait dirigé toute cette affaire, fut cité devant un tribunal extraordinaire, présidé par Foley, agent consulaire d'Angleterre, et il

fut condamné, le 29 mars 1812, à indemniser les affréteurs, ainsi que ses co-propriétaires.

Malgré ces démêlés passagers, il resta l'ami des Juifs. Il les protégeait chaque fois que l'occasion s'en présentait. En 1813, le gouverneur d'Alméria avait séquestré des marchandises embarquées à bord de la bombarde du patron Joseph Prats, et appartenant à divers israélites d'Oran. Ceux-ci étaient accusés de tentative de contrebande. Le 23 septembre, le vice-consul écrivit en leur faveur au gouverneur, et lui démontra que ces négociants, sortis de Gibraltar, avaient appareillé pour Oran, et que le mauvais temps seul les avait forcés de relâcher à Alméria, où ils n'avaient eu nulle intention d'introduire leurs marchandises en fraude.

PIÈCES JUSTIFICATIVES

I

MISSION D'ARON CARDOSO [1].

Lettre du vice-consul d'Oran au consul général d'Alger.

El 16 del corriente fondeo en este Puerto una corbeta inglesa comboiando un trasporte que trae cién quentales de polvora para este Sᵒʳ Bey, que se halla en campaña, por cuia razon no se ha desembarcado dicha polbora, y como asi mismo con dicha comision viene un imbiado Ebreo, llamado Aron Cardoso, rey de los Judios de Gibraltar, encargado segun dice de entregar las cartas que trae de aquel Govierno en propia mano a este illustre Sᵒʳ Bey. Han salido aier para llenar su comision encontrandose con el en el campo dicho Ebreo, el commandante de la corbeta Roman como agente Ingles y cinco personas otras de abordo, con comitiba de Moros que los acompañan.

Nada se sabe de positibo sobre dicha comision pero se cree que queren tratar sobre provision de carne para Gibraltar.

Oran, 30 de octobre 1805.

J. H.

Sᵒʳ Don Josef Alonso Ortiz, Argel.

[1] Voir plus haut, p. 91.

II

HISTOIRE DE HANINA.

1. *Lettre du vice-consul d'Oran au consul général d'Alger*.

...... Eu suma, he llegado a maliciarme que Sidi Jach Majamet y una puta (por tal la conoce todo el pueblo, y aun en ese) Judia nombrada Janina han sobornado el Bey para reclamar en favor de los Franceses, y suponer que ha sido represado el bergantin bajo el tiro de cañon : el tropel de Negroto con bajar y subir a casa del Bey, el saber que a dicha Janina le han ofrecido mil sequinos por su travajo, y ultimamente el haver venido de echadizo aier a cosa de las tres de la tarde de parte del Bey un hijo de la tal, nombrado Jusef, diciendome que el Bey estava resentido conmigo porque Negroto havia ido à ofrecerle un grande regalo para que hiciese la tal reclamacion y que yo no havia idp à hablarle aun sobre el particular : à que le contexte que no era asumto mio pues savia que yo no estoi encargado del vice consulado Ingles y por consiguiente que nada tenia que hacer en el particular. Todas estas reflexiones (èn un caso necesario) las manifestara V. a dicho S. Consul Ingles para el uso conveniente.

Oran, 26 de Julio 1810.

Sᵒʳ Don Pedro Ortiz de Zugasti, Argel.

2. *Lettre du vice-consul d'Oran au consul général d'Alger*.

De resultas de haver tomado yo la medida y cooperado para que el capitan Josef Lugaro pasase en esa con toda brevedad para el mejor exito del asunto de la represa en question sin que esto se traslaciese à nadie ; está el pueblo de Israel en asguas y su zagacidad no ha parado hasta que el Bey me ha manifestado su encono, y por consiguiente mis asuntos seran mirados con indiferencia (ó tal ves desprecio) en lo subcesivo. Por tanto, y atendiendo à la inconsequencia que ha usado, no es mas tiempo de tolerancias, y asi puede Vd. desde luego actibar a fin de que pague en dinero ó grano que bastante tiene, y si Vd. piensa el que se haga alguna compra sea por esa via tratando el pagarle tanto de dinero por cada fanega que se embarque, pues este pagarlo que hace es hacer la forzosa, como lo echo a muchos, y alterar cada dia los precios y derechos de todo, pues no tiene limites su abaricia.

Sirva a Vd. de govierno que este Bey por intrigas de Sidi Jach Majamet uld el Bey Bram y la consabida Janina (protectores de Negroto) que son los que lo goviernan, trabaja (segun el mismo me ha manifestado) para que en esta no quede vice consul alguno que

puede aponerse a sus barbaries quales son las que acaba de co-
meter, y que llevo referidas en la adjunta : y por lo tanto se hace
necesario que el Dey di a Vd. una orden para que no se mescle en
mis asuntos, pues que el Rey me tiene aqui para atender a los intereses de nuestra Nacion y que no castigue a el·Arraes que fue a
acompañar a el capitan Ingles pues me temo que descargue su bar-
baria contra este innocente.

        Oran, 28 de Julio de 1810.

                        A. H.

Sᵒʳ Don Pedro Ortis de Zugasti, Argel.

3. *Lettre du vice-consul d'Oran au gouverneur de Malaga.*

                      26 de Junio de 1813.

Sᵒʳ Governador de la ciudad de Malaga.

Noticioso este Govierno de que se halla en ese puerto el Bergantin
Maroquino del Arraez Hacem que salio de esta con un cargamiento
de trigo, llevando a bordo dos muchachos ebreos de esta. Exiga dicho
Govierno que si los tales muchachos se encontrasen en esa, V. S. se
sirba apremiarlos y fletar un pequeño barco que los conducea en
esta, pues los tales se les acumula han llevado consigo intereses pertenecientes a este Govierno subreticiamente ; si vien los tales salie-
ron con destino para Gibraltar a cuyo Governador ha escrito el
consul Ingles de esta para su aprehension y remision en esta, por
no comprometer la nacion si protegien a semejante canalla.

Espero de la bondad de V. S. que mirando las consequencias (fu-
nestas en las circunstancias presentes) que puede acarrearnos el
obrigar a los dichos ebreos, los remita con la brevedad posible si se
encontrasen en esa, y quando no, darme aviso de su paradero, para
satisfacer a la Regencia que es la que reclama estos muchachos
como a usurpadores de los fondos de su sustancia.

4. *Lettre du vice-consul d'Oran au consul général d'Alger.*

                  Oran, 12 de setiembre de 1813.

Sᵒʳ Don Pedro Ortiz de Sugasti, Argel.

Despues de mis cartas de 1º de Mayo y tres de Junio, la qual fina-
lisa con que el Aga habia salido a la raya de Marruecos en persecu-
cion de los mataturcos, siguiendo el orden de sucesos, dire à Vd.
como dicho Aga, despues de algunas escaramuzas que tubo con los
Arabes, en las quales por dos vezes (a no ser el campo de este Bey)
lo hubieran derrotado, regreso en esta, donde de nuevo se buscaron
algunas talegas, que habian se custodiaban en las casas de la familia
del Bei, los Judios y casa del Sᵒʳ Sgitcowitch, protector de el pueblo
ebreo, de cuyas resultas se encendio de nuevo el fuego, y hizo que-

mar a el judio Sadia, que se dice era hijo de el Bei y Janina, y a
este acto de quemar hizo traer varios Judios, los hizo amarrar en
ademan de tirarlos a el fuego, donde ardia su compañero, lo qual les
asusto sobre manera, y confesaron quanto sabian.

A los pocos dias hizo sacar el Bei a el que vivo, le desollaran la
cabeza hasta el cuello, dejandole el pellijo caido la mitad de cada lado,
la avrieron la barriga, haciendo que le cayere las tripas, y en este
estado hizo traer a sus inocentes hijos que mirasen aquel espec-
taculo...

El pueblo esta contento y tranquillo con el nuevo Bei....

Gracias a Dios quedo el pueblo ebreo sin sombra, y solo falta el
judio Cabeza, que a fuerza de regalos, ha podido largarse antes de
la llegada de el Aga, y asta en Alicante, divirtiendose con una
porcion de alajas pertenecientes a los hijos de la quemada judia
Janina.

5. *Lettre du consul général d'Espagne à Alger au Ministre des affaires
étrangères à Madrid.*

Argel, 16 de Febrero de 1815.

Muy S^or mio : El dia cinco del corriente Febrero recibi por via de
Alicante la Real Orden que V. E. se sirvio communicarme con fecha
16 de Diciembre del año ultimo. Imediatamente pase a communicar
a este ministro que S. M. habia visto con el mayor disgusto que
S. E. el Dey se valia de pretextos para desavenirse con España
despues de tantos años de no interrumpida amistad; que no obstante
el Rey Nuestro Señor a pesar de ser su demanda tan fuera de orden,
para darle una prueba irrefragable del aprecio con que mira sus intereses, se habia dignado mandar se oficiase al Sor Embaxador de Inga-
laterra cerca de su Real Persona afin de que sin perdida de tiempo
lo hiciese S. E. el Sor Governador de Gibraltar para el arresto del
Judio que se fugo de Oran en el bergantin Marroquino, tomando las
declaraciones y precauciones convenientes a su seguridad y a la de
los caudales que puedan pertenecer al govierno de Argel : que en
vista de un proceder tan generoso esperaba que S. E. el Dey cono-
ciendo la sinceridad de nuestro trato y disposiciones reconciliadores
de mi soverano, desistiria de sus ideas hostiles, dando tiempo a las
justificaciones y aclaraciones que se esperan de las diligencias prac-
ticadas en Gibraltar, participandoles tambien las actuadas en
Alicante...

6. *Déclaration des fugitifs d'Oran.*

On this thirtenth day of May in the year one thousand eight hun-
dred and fifteen appeared personally before me Henry Joseph, Notary public by Royal Authority, lawfully constituted, admitted and

sworn, domiciled in Gibraltar, Abraham Belul and Aaron Cubee, who
having been sworn to depose the truth, did declare and say that the
two Boxes containing Gold and Silver Money and Jewellery the
took from the Bay of Oran was taken from them by the Haga of the
moorish Army and by him taken to the house of His Britannish
Majesty's consul there, and the said appearants did further declare
and say that the declaration of Assidarit (?) made by them the twen-
tieth day of February lest past [1] was made at the request of Aaron
Cardozo Esquire Consul of the States of Algiers. In Testimony the-
reof they the said appearants have hereinto subscrived their names.
Thus done and passed at Gibraltar as we said to serve as ocasion
shall or may require the day, month and year first above written.

(*Signé en hébreu* :)   כה אהרן לקובי
יה אברהם מלול.

In testimonium veritatis :

(Signé :) HENRY JOSEPH, *Notary Public*, Gibraltar.

III

CONVERSION DE RANDO [2].

Lettre du vice-consul d'Oran à l'évêque d'Almería.

Agosto, 14 de 1809.

Illmo Sor Obispo de Almeria.

Creyendome constituido en la obligacion de mirar con el mayor
zelo el bien de los verdaderos catholicos : sirve la presente a parti-
cipar a V. S. Illma como entre los varios pasados de Melilla que con-
ducen los Arabes a esta plaza bino en 5 de Junio del presente año
el individuo Juan Andres Rando, hijo de Benito, natural de Bujalanze, Reyno de Cordoba, de edad de 33 años, ojos y cabellos negros,
barba un poco rubia, color claro y de estatura baja. El qual dixo
fue a presidio por 6 años por haver echa una muerte, y estando
para embarcarse en compañia de otros 25 que remiti en Carthagena
en 24 del mismo, este infeliz ha tenido la debilidad de fugarse sin
que hasta el dia haya podido inquerir su paradero. Y oy par una
casualidad he sabido que los perfidos Judios (de que habunda este
pais) lo han sobornado en terminos que se ha hecho uno de ellos,
y parece lo han internado para no ser descubierto. Un echo tan
atroz y tan vergonzoso aun entre estas gentes solo puede ocasio-
narlo el soborno y el embriaguez. Creo por tanto me consta que en

---

[1] C'est une déclaration identique à la présente, sauf qu'il n'y est pas question de
Cardozo.

[2] Voir page 98.

la ciudad de Almeria (no se con qual pretexto) havita y tiene ramo
de comercio el Hebreo Joseph Cabeza, hijo de Israel Cabeza, vecino
de esta, uno de los sobornadores, a el qual V. S. Illma puede mandar
apremiar con toda seberidad hasta tanto que hagan comparecer a
el tal Rando que lo haran en el momento, pues haun quando este
mal catholico persista en ser Judio, ningun derecho tienen estos,
por que el tal Rando haviendose livertado de la esclavitad a que
boluntariamente se entregan todos los que se desiertan de Melilla,
ha sido rescatado por mi a nombre de S. M. C. y por consiguiente
me deve ser entregado, si como Cristiano para mandarlo a España
segun las ordenes que tengo, y si como Judio para quemarlo y que
sirva de governio para lo subcesivo. Yo haun no é echo la reclamacion a este govierno hasta tanto que reciva el aviso de ser apre-
miado el tal Josef Cabeza, con solo el objecto de salvar este hombre,
a quien si no me dian los renes dichos para su seguridad, serian
capaces de embenenarlo pues son Judios y basta. Espero que V. S.
Illma ne descuidara sobre este particular, interin ruego a Dios guarde
su importante vida muchos años.

A. H.

FIN.

VERSAILLES, IMPRIMERIE CERF ET FILS, RUE DUPLESSIS, 59.